もくじ

1 ウサギの 耳《みみ》

ウサギの　耳《みみ》は、とても　ながくて　大《おお》きい耳《みみ》です。そして、よく　うごきます。いろいろな*ほうこうから　くる　音《おと》を　ききのがさないように、耳《みみ》を　うごかして　きいて　いるのです。キツネなどの　てきが　ちかづいて　くる、草《くさ》を　ふむ　かすかな　音《おと》を　ききつけると、すごい　いきおいで　はねて　にげます。

また、ウサギの　耳《みみ》には、こまかい　*けっかんが　たくさん　あります。てきに　おわれて　はしって　いる　ときに、つめたい　かぜが　耳《みみ》に　あたる　ことで、上《あ》がった　*たいおんを　下《さ》げて　くれる　はたらきを　して　いるのです。このように、ウサギの　耳《みみ》は　音《おと》を　きくだけで　なく、

読《よ》んだ日《ひ》　月《がつ》　日《にち》

❶ ウサギの　耳《みみ》は、どんな　耳《みみ》ですか。あう　ほうに　◯を　つけましょう。

ア　みじかくて　小《ちい》さい　耳《みみ》で、あまり　うごかない。

イ　ながくて　大《おお》きい　耳《みみ》で、よく　うごく。

❷ ウサギの　耳《みみ》に　こまかい　けっかんが　たくさん　あるのは、なんの　ためですか。（　）に　あう　ことばを　かきましょう。

・つめたい（　　　）が

たいおんを　下《さ》げると　いう、たいせつな　はたらきも　して　いるのです。

ウサギを　だき上《あ》げる　とき、耳《みみ》を　つかむ人《ひと》が　いますが、ウサギに　とって　たいせつな耳《みみ》を　つかまれるのは、とても　いやな　ことなのです。ウサギは、耳《みみ》を　つかまないで、やさしく　だっこして　やりましょう。

＊ほうこう……むき
＊けっかん……ちが　とおる　くだ。
＊たいおん……からだの　おんど。

耳《みみ》に　あたる　ことで、
上《あ》がった
（　　　）を
下《さ》げる　はたらきを　する
ため。

3　ウサギに　とって　いやな　ことは、なんですか。一《ひと》つに　○を　つけましょう。

ア　人《ひと》に　たべものを　もらう　こと。

イ　人《ひと》に　やさしく　だっこ　される　こと。

ウ　人《ひと》に　耳《みみ》を　つかまれる　こと。

2 ゾウの 耳《みみ》

ゾウは、とても 大《おお》きな 耳《みみ》を もって います。この 大《おお》きな 耳《みみ》は、小《ちい》さな 音《おと》を あつめて きくだけでは ありません。けっかんが たくさん あり、たいおんを 下《さ》げる はたらきも して います。だから、ゾウは、あつい ときは 耳《みみ》を ぱたぱたさせて、うちわで あおぐように するのです。こうして、けっかんの あつまる 耳《みみ》に かぜを あてて、たいおんを 下《さ》げて いるのです。

また、ゾウは おこると、この 大《おお》きな 耳《みみ》を 立《た》てて まえに むけます。そして、大《おお》きな こえで さけびます。こう すると、ゾウの からだは ますます 大《おお》きく 見《み》えます。それで、ラ

❶ ゾウの 耳《みみ》は どんな 耳《みみ》ですか。二《ふた》つに ○を つけましょう。

ア とても 小《ちい》さい。
イ とても 大《おお》きい。
ウ たくさんの けっかんが ある。
エ たくさんの けが はえて いる。

❷ ゾウは、あつい ときには、どのように しますか。（　）に あう ことばを かきましょう。

読《よ》んだ日《ひ》　月《がつ》　日《にち》

イオンなどの　てきは、おそろしく　なって　にげ出《だ》すのです。ゾウが　耳《みみ》を　立《た》てて　いたら、それは　おこって　いる　サインです。そんなときは、すぐに　ゾウの　そばから　はなれるように　しましょう。

・耳《みみ》を（　　　　）させる。

❸ ゾウが　おこって　耳《みみ》を　立《た》てて　さけぶと、ライオンなどが　にげ出《だ》すのは、なぜですか。（　）に　あう　ことばを　かきましょう。

・ゾウの（　　　　）が　ますます（　　　　）見《み》え、（　　　　）なるから。

3 カバの 耳《みみ》

カバの 耳《みみ》は、その 大《おお》きい からだの わりには、とても 小《ちい》さいです。そして、ラッパみたいな かたちを して います。この 小《ちい》さな 耳《みみ》は、まえを むいたり うしろを むいたりと、よく うごきます。いろいろな ほうこうから くる 音《おと》を よく きく ために、うごかして いるのです。

カバは、ひるの あつい ときは 川《かわ》の 中《なか》で すごします。そして、よるに なって すずしく なると、りくに 上《あ》がって 草《くさ》を たべます。水《すい》中《ちゅう》から 上《あ》がると、まず ぷるぷると 耳《みみ》を ふります。これは、なにを して いるのだと おもいますか。

❶ カバの 耳《みみ》が いろいろな ほうこうに うごくのは、なぜですか。一《ひと》つに ○を つけましょう。

ア 耳《みみ》に 水《みず》が 入《はい》らないように する ため。

イ まえから くる 音《おと》を よく きく ため。

ウ いろいろな ほうこうから くる 音《おと》を きく ため。

❷ カバは、ひるは どこで すごして いますか。

（　　　　　　　　）

読《よ》んだ日《ひ》　月《がつ》　日《にち》

水中《すいちゅう》に　もぐって　いる　ときは、カバの　耳《みみ》の　あなは、せまく　なって　います。これは、水《みず》が　耳《みみ》の　おくに　入《はい》らないように　する　ためです。それで、りくに　上《あ》がった　ときは、耳《みみ》の　そとに　ついた　水《みず》を、ぷるぷると　耳《みみ》を　ふる　ことで、ふりはらって　いるのです。

カバの　赤《あか》ちゃんは、水中《すいちゅう》で　おかあさんの　おちちを　のみます。この　とき、赤《あか》ちゃんの　耳《みみ》の　あなも、水《みず》が　入《はい》らないように　せまく　なります。カバの　耳《みみ》は、よく　できて　いますね。

❸ よる、りくに　上《あ》がった　カバは、どんな　ことを　しますか。（　）に　あう　ことばを　かきましょう。

・（　　　　）を　たべる　こと。

❹ カバの　耳《みみ》は、水中《すいちゅう》に　いる　ときには、どう　なって　いますか。（　）に　あう　ことばを　かきましょう。

・（　　　　）が　入《はい》らないように、あなが（　　　　）なって　いる。

4 オオカミの 目《め》

オオカミの 目《め》は、わたしたちと おなじように かおの まえの ほうに ついて います。だから、まえは よく 見《み》えます。よこは すこし 見《み》えますが、うしろは 見《み》えません。オオカミの 目《め》は、まえを にげて いく シカなどの えものを おいかける ために、まえが よく 見《み》えた ほうが よいのです。

また、オオカミは ちかい ところは よく 見《み》えますが、とおい ところは はっきり 見《み》えません。*きんしの 人《ひと》と おなじように 見《み》えて いると いえます。いろは、きいろと 青《あお》と はいいろしか 見《み》えて いないようです。わたしたち 人《にん》げんが 見《み》て いる きれいな いろの

読《よ》んだ日《ひ》　月《がつ》　日《にち》

❶ オオカミの 目《め》は、どんな 目《め》ですか。二《ふた》つに ○を つけましょう。

ア かおの よこの ほうに ついて いる。

イ かおの まえの ほうに ついて いる。

ウ とおい ところまで よく 見《み》える。

エ ちかい ところだけが よく 見《み》える。

❷ オオカミの 目《め》は、どんな いろが 見《み》えて いるようですか。三《みっ》つ かきましょう。

せかいは、見《み》えて　いないのです。しかし、くらやみでは、わたしたち　人《にん》げんよりも　はっきりと　見《み》る　ことが　できます。

また、オオカミは、はなが　とても　よく、わずかな　においも　かんじる　ことが　できます。においで　まわりの　ようすを　しる　ことが　できるので、人《にん》げんほど　いろいろな　いろが　見《み》えなくても　こまらないのです。

＊きんし……とおくが　よく　見《み》えない　目《め》。

（　　）・（　　）

（　　）

❸ オオカミが　人《にん》げんと　ちがうのは、どんな　ところですか。（　）に　あう　ことばを　かきましょう。

・（　　）でも　はっきり　見《み》られる　ところ。

・（　　）が　とても　よく、（　　）で　ようすが　わかる　ところ。

5 ウマの目《め》

ウマの　目《め》は、かおの　よこに　出《で》っぱるように　ついて　います。この　おかげで、まえと　よこだけで　なく、うしろの　ほうまで　見《み》る　ことが　できます。ただ、まうしろだけは　見《み》る　ことが　できません。

ウマの　目《め》は、おそって　くる　ライオンなどの　てきを　すこしでも　はやく　見《み》つけられるように、このような　つくりに　なったのです。

オオカミや　人《ひと》の　ひとみは、まるい　かたちですが、ウマの　ひとみは、よこに　ながく　なって　います。これも、うしろの　ほうまで　よく　見《み》えるように　する　ための　目《め》の　しくみなのです。

❶ ウマの　目《め》は、どんな　目《め》ですか。二《ふた》つに　○を　つけましょう。

ア　かおの　よこの　ほうに　ついて　いる。

イ　かおの　まえの　ほうに　ついて　いる。

ウ　ひとみは　まるい。

エ　ひとみは　よこに　ながい。

❷ ウマの　目《め》で　見《み》る　ことが　できないのは、どこですか。

読《よ》んだ日《ひ》　月《がつ》　日《にち》

また、ウマは、くらやみでも　まわりの　ようすを　見《み》る　ことが　できます。このように、くらやみでも　よく　見《み》える　目《め》は、いろいろな　いろを　見《み》る　ことは　できません。ウマは、ほとんど　白《しろ》くろの　せかいを　見《み》て　いるのです。

【人《ひと》の　見《み》える　はんい】

りょう目《め》で　見《み》える　はんい。

【ウマの　見《み》える　はんい】

りょう目《め》で　見《み》える　はんい。

＊ひとみ……目《め》の　まん中《なか》に　ある　くろい　ところ。

③ ウマの　目《め》には、どんな　ところが　ありますか。（　）に　あう　ことばを　かきましょう。

（　　　）

・（　　　）でも　よく　見《み》える　ところ。

・いろいろな（　　　）は、（　　　）ことが　できない　ところ。

6 カメレオンの 目《め》

カメレオンは、おもに アフリカや、マダガスカルと いう 大《おお》きな しまに すんで いる どうぶつです。トカゲなどと おなじ はちゅうるいです。

カメレオンの 目《め》は、どうぶつの 中《なか》でも とても かわって います。「なんだ これは。」と、だれもが おどろくような 目《め》を して います。どんな 目《め》なのでしょう。

それは、右《みぎ》と 左《ひだり》が、べつべつの ほうこうを 見《み》る ことが できる 目《め》なのです。ふつうの どうぶつの 目《め》は、上《うえ》の ほうを 見《み》る ときには、右目《みぎめ》も 左目《ひだりめ》も 上《うえ》の ほうを むいて います。しかし、カメレオンの 目《め》は、右目《みぎめ》で 上《うえ》

読《よ》んだ日《ひ》　月《がつ》　日《にち》

❶ カメレオンは、トカゲなどと おなじ、なんの なかまですか。

（　　　　　　　　）

❷ カメレオンの 目《め》は、どんな ところが かわって いるのですか。あう ほうに ○を つけましょう。

ア 左右《さゆう》の 目《め》が、おなじ ほうこうしか 見《み》る ことが できない ところ。

を　見《み》て　いる　ときに、左目《ひだりめ》では　下《した》を　見《み》る　ことが　できるのです。これは、いろいろな　ほうこうを　見《み》て、えものを　さがすのに　やく立《だ》って　います。

　そして、バッタなどの　えものを　見《み》つけると、りょうほうの　目《め》が　まえを　見《み》ます。りょうほうの　目《め》で　見《み》ないと、えものまでの　正《ただ》しい　きょ*りを　つかむ　ことが　できないからです。

*きょり……二《ふた》つの　ものの　あいだの　ながさ。

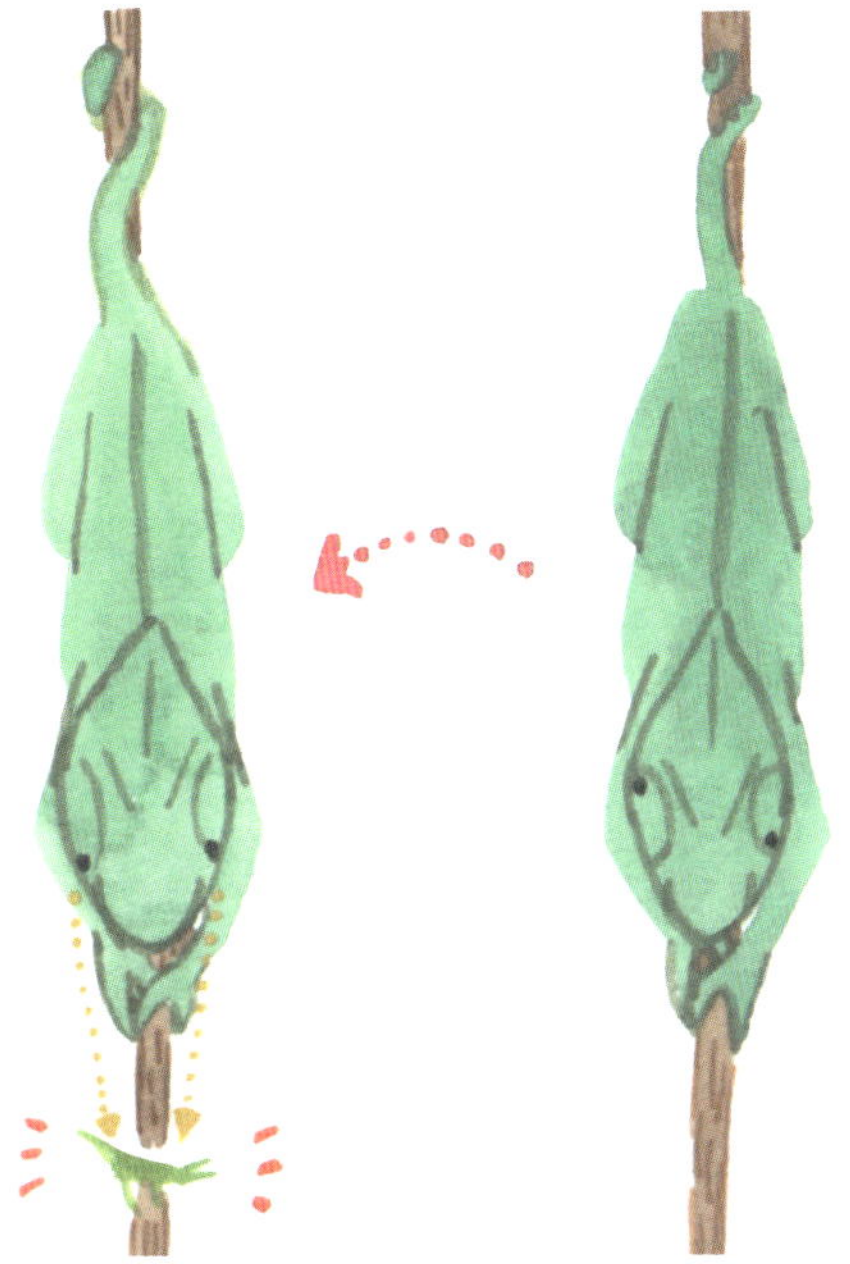

イ　左右《さゆう》の　目《め》が、べつべつの　ほうこうを　見《み》る　ことが　できる　ところ。

③　えものを　見《み》つけると、カメレオンの　目《め》は、どう　なりますか。（　）に　あう　ことばを　かきましょう。

・（　　　）の
目《め》が（　　　）を
見《み》る。

7 シマウマの　からだの　もよう

シマウマは、からだに　白《しろ》と　くろの　しまもようが　あります。この　もようが　なんの　ために　あるのかに　ついては、いろいろな　せつ*が　あります。

一《ひと》つ目《め》は、じぶんの　なかまを　すぐ　見《み》わける　ためだと　いう　ものです。シマウマは、しゅるいごとに　しまもようが　ちがうのです。

二《ふた》つ目《め》は、ライオンなどの　てきに　つかまりにくく　なって　いると　いう　ものです。シマウマが　みんなで　かたまって　いると、一《いっ》とうずつが　見《み》わけにくく　なり、ねらいが　つけにくく　なるのです。

三《みっ》つ目《め》は、シマウマの　ちを　すいに　くる

読《よ》んだ日《ひ》　月《がつ》　日《にち》

❶ シマウマの　からだに　ある　しまもようは、なにいろと　なにいろですか。

（　　）・（　　）

❷ シマウマの　もようが、なんの　ために　あるのかと　いう　せつには、どんな　せつが　ありますか。（　）に　あう　ことばを　かきましょう。

・一《ひと》つ目《め》の　せつ…じぶんの（　　）を　すぐ　見《み》わける　ため。

ハエが、しまもようを　きらう　ためだと　いう
ものです。
そして、さいきんの　けんきゅうに　より、三《みっ》つ目《め》の　ちを　すう　ハエが　しまもようを　きらうと　いう　せつが　正《ただ》しいようだと　わかって　きました。いろいろ　しらべて、ちを　すうハエは、シマウマの　ちは　ほとんど　すわないことが　わかって　きたのです。でも、なぜ　この　ハエが　しまもようが　きらいなのかに　ついては、まだ　わかって　いません。

＊せつ……ある　人《ひと》が　いった　かんがえや　いけん。

・二《ふた》つ目《め》の　せつ…てきに（　　　）なる　ため。

・三《みっ》つ目《め》の　せつ…ちを　すう（　　　）が　しまもようを　きらう　ため。

3 さいきんの　けんきゅうで、三《みっ》つの　うち、どの　せつが　正《ただ》しいようだと　わかって　きましたか。□に　あう　すう字《じ》を、かん字《じ》で　かきましょう。

・□つ目《め》の　せつ。

8 ホッキョクグマの からだの いろ

ホッキョクグマは、からだの いろが まっ白《しろ》です。ホッキョクグマは、名《な》まえの とおり＊ほっきょくと いう とても さむい ところで生《せい》かつして います。ほっきょくは、ほとんど一年中《いちねんじゅう》 こおりと ゆきに おおわれて いるので、まわりは まっ白《しろ》です。こおりや ゆきの上《うえ》に いる ホッキョクグマは、とおくから 見《み》ると、どこに いるのか わかりません。

ホッキョクグマは、アザラシを つかまえてたべます。この とき、からだの いろが 白《しろ》いほうが、えものの アザラシから 見《み》つかりにくく なり、つかまえやすい ところまで ちかよる ことが できるのです。

読《よ》んだ日《ひ》　月《がつ》　日《にち》

❶ ホッキョクグマは、なにを たべますか。

（　　　　）

❷ ホッキョクグマの からだが 白《しろ》いのは、どんな ことに やく立《だ》って いますか。あう ほうに ○を つけましょう。

ア えものを 見《み》つけやすく なる こと。

イ えものから 見《み》つかりにくく なる こと。

でも、ホッキョクグマの 白《しろ》い けの 下《した》のひふは、なんと まっくろです。もし、けを きれいに かって しまえば、ホッキョクグマは まっくろなのです。ホッキョクグマの 白《しろ》い けは、白《しろ》い いろが ついて いるのでは ありません。けは ＊とうめいで、ストローのように なって います。この とうめいな けの 中《なか》に、たいようの ひかりが さしこむ ことで、白《しろ》く 見《み》えるのです。

水《みず》に ぬれると、くろい ひふが すこし 見《み》える。

＊ほっきょく……ちきゅうの きたの はしに ある ばしょ。
＊とうめい……くもりが なく、すきとおって 見《み》える こと。

❸ ホッキョクグマの ひふは、なにいろですか。

（　　　　）

❹ ホッキョクグマの からだは、どんな ことから 白《しろ》く 見《み》えるのですか。（　）に あう ことばを かきましょう。

・けは（　　　　）で、中《なか》は（　　　　）の ように なって いて、そこに たいようの ひかりが さしこむ ことから。

9 シカの からだの いろと もよう

日本《にほん》に すむ シカは、ニホンジカと よばれて います。この シカの からだの いろと もようは、きせつごとに 生《は》えかわります。はるに なると、おすも めすも けが 生《は》えかわり、なつげと よばれる あかるい ちゃいろに、白《しろ》くて まるい てんが ついた もように 生《は》えかわります。なつの まえに 生《う》まれる 赤《あか》ちゃんも、おなじような いろと もようを して います。この もようは、はの しげった 林《はやし》の 中《なか》では 目立《めだ》たなく なります。林《はやし》の 木《き》の はの あいだから さす たいようの ひかりが、ちょうど 白《しろ》い てんのように ひかる ため、シカが どこに いるのか わかりにくく

読《よ》んだ日《ひ》　月《がつ》　日《にち》

❶ ニホンジカは、はるに なると、からだが どんな いろと もように なりますか。二《ふた》つに ○を つけましょう。

ア あかるい ちゃいろ。

イ はいいろか、こげちゃいろ。

ウ 白《しろ》くて まるい てんが ついた もよう。

エ くろくて ほそながい せんが ついた もよう。

❷ ニホンジカの なつげの もようは、なにに にて いますか。（　）に あう こ

なるのです。
　あきに　なると、また　けが　生《は》えかわります。赤《あか》ちゃんも　おすも　めすも、白《しろ》い　てんの　もようが　なくなり、めすは　あかるい　はいいろに、おすは　こげちゃいろに　なります。これは、ふゆげと　よばれます。ふゆに　なると、林《はやし》の木《き》の　はが　すべて　おちて　しまうので、白《しろ》い　てんの　もようは　いらなく　なるのです。

　このように　シカは、きせつごとに　じぶんの　からだの　いろと　もようを　かえて　生《い》きて　いるのです。

とばを　かきましょう。
・（　　　）の　木《き》の　はの　あいだから　さす　たいようの　（　　　）。

❸ なつげと　ふゆげの　ちがいは、いろの　ちがいの　ほかに、どんな　ことが　ありますか。（　）に　あう　ことばを　かきましょう。
・（　　　）の　もようが　なくなる　こと。

10 ヘビの からだの いろ

読《よ》んだ日《ひ》　月《がつ》　日《にち》

アメリカや ブラジルに、サンゴヘビと よばれる ヘビが います。ほそくて 小《ちい》さくて、あまり つよそうな ヘビでは ありませんが、とても *はでな いろを して います。赤《あか》と くろと きいろの しまもようなので、とても 目《め》立《だ》ちます。この ヘビは、とても つよい どくを もって いて、かまれると、人《にん》げんも しんで しまいます。

この 目《め》立《だ》つ いろに よって、「じぶんは すごい どくを もって いるので、つかまえないでね。つかまえて かまれると、たいへんな ことに なるからね!」と ちゅういして いるのです。じっさい、この ヘビを つかまえよう

❶ サンゴヘビの からだは、どんな からだですか。一《ひと》つに ○を つけましょう。

ア ふとくて 大《おお》きい。

イ ほそくて 小《ちい》さい。

ウ ほそくて ながい。

❷ サンゴヘビの からだの いろは、なにいろの、どんな もようですか。

〔　　　　〕

とする　てきは　いません。このように　どくを　もって　いる　どうぶつには、はでで　目立《めだ》つ　いろを　した　ものが　おおいのです。

中《なか》には、どくが　ないのに、サンゴヘビに　にせた　いろと　もようの　ヘビも　います。こわい　サンゴヘビに　にて　いるので、サンゴヘビかと　おもって、てきは　おそわなく　なるのです。そっくりさんに　なって　てきを　だまして、みを　まもる　ヘビも　いるのです。

＊はで……はなやかで　目立《めだ》つ　ようす。

❸ サンゴヘビのように　目立《めだ》つ　いろの　どうぶつは、なにを　もって　いる　ことが　おおいのですか。

（　　　　　）

❹ サンゴヘビに　にせた　からだの　いろと　もようを　した　ヘビに　たいして、てきは　どうなりますか。（　）に　あう　ことばを　かきましょう。

・サンゴヘビかと　おもって、（　　　　　）なる。

11 パンダの たべもの

パンダの たべものは、竹《たけ》です。パンダの すんで いる 中《ちゅう》ごくの 野山《のやま》には、この 竹《たけ》が たくさん 生《は》えて います。一年中《いちねんじゅう》 まい日《にち》 たべても、たべきれない ほど あります。パンダは、竹《たけ》の はや くきを、ばりばり たべます。はるに 生《は》えて くる 竹《たけ》の子《こ》は、とくに すきです。竹《たけ》の はを 一《いち》まいずつ たべて いると、一《いち》どに たくさん たべられません。そこで パンダは、竹《たけ》の はの ついて いる くきを 口《くち》で かみきって、たくさんの 竹《たけ》の 小《こ》えだを 口《くち》に くわえます。そして、はを 手《て》で まとめながら、むしゃむしゃ たべるのです。

はを たくさん もつ ことが できるように、

❶ パンダは、竹《たけ》の どんな ところを たべて いますか。

（　　　　　　　　）

❷ パンダが とくに すきな ものは、なんですか。

（　　　　　　　　）

❸ パンダは、竹《たけ》の はを たくさん たべる ために、どのように しますか。一《ひと》つに ○を つけましょう。

読《よ》んだ日《ひ》　月《がつ》　日《にち》

パンダの 手《て》には 大《おお》きな ゆびのような とっ*きが 二《ふた》つ あります。だから、パンダの 手《て》には ゆびが 七本《ななほん》も あるように 見《み》えます。どうぶつえんの パンダは、竹《たけ》の ほかに パンダの ために つくられた、とくべつな おだんごも たべて います。

*とっき……つき出《だ》して いる ところ。

ア はと くきを いっぺんに 口《くち》に 入《い》れる。

イ たくさんの 小《こ》えだを 口《くち》に くわえる。

ウ はを 一《いち》まいずつ ちぎる。

❹ 竹《たけ》の はを たくさん もつ ために、パンダの 手《て》は どのように なって いますか。(　)に あう ことばを かきましょう。

・大《おお》きな (　　)のような とっきが (　　)つ ある。

12 アリクイの たべもの

アリクイとは、「アリを くう（たべる）どうぶつ」と いう いみです。いちばん 大《おお》きい オオアリクイは、みなみアメリカの 草《そう》げんに すんで います。草《そう》げんに ある シロアリが つくる ありづかに、大《おお》きくて するどい つめで あなを あけます。そして、つばで べたべたした したを さしこんで、シロアリを したに くっつけて たべます。

オオアリクイは、一《ひと》つの ありづかに 一《いっ》ぷん くらいしか いません。それは、ながく たべて いると、すの 中《なか》から 出《で》て きた シロアリに かみつかれるからです。その かわり、たくさん ある ありづかに つぎつぎ うつって いって

読《よ》んだ日《ひ》　月《がつ》　日《にち》

❶ オオアリクイは、みなみアメリカの どこに すんで いますか。

（　　　　）

❷ オオアリクイが シロアリを たべる ときには、どうしますか。（　）に あう ことばを かきましょう。

・つばで べたべたした

（　　　　）に シロアリを

（　　　　）。

すこしずつ　シロアリを　たべます。

オオアリクイの　つめは、いつも　とがって　います。それは、とがって　いないと、いわのように　かたい　ありづかに、あなを　あけられなく　なって　しまうからです。そこで、オオアリクイは、あるく　ときに　手《て》を　にぎるようにして、つめの　先《さき》を　まもりながら　あるきます。

❸ オオアリクイが、一《ひと》つの　ありづかに　すこしの　あいだしか　いないのは、なぜですか。あう　ほうに　○を　つけましょう。

ア　一《いち》どに　たくさん　たべられないから。

イ　ありづかから　出《で》て　きた　シロアリに　かみつかれるから。

❹ オオアリクイが　あるく　ときに、まもって　いるのは、どこですか。

（　　　　）

13 コアラの たべもの

どうぶつえんの 人気《にんき》ものの コアラは、オーストラリアに すんで います。オーストラリアの 林《はやし》に 生《は》えて いる、ユーカリと いう 木《き》の 上《うえ》で はを たべ、一日中《いちにちじゅう》 ねむって います。ユーカリの はは、かたくて どくが ある ため、ほかの どうぶつは たべません。コアラだけが たべる ことが できるのです。

コアラには、じぶんの からだの ながさの 三《さん》ばいと いう、ながい *もうちょうが あります。この もうちょうの 中《なか》に、ユーカリの はの どくを なくして しまう、とても 小《ちい》さな 生《い》きものが すんで います。この 小《ちい》さな 生《い》きものの おかげで、コアラは ユーカリの は

❶ コアラは、どこに すんで いますか。

（　　　　）

❷ コアラが どくの ある ユーカリの はを たべられるのは、なんの おかげですか。（　）に あう ことばを かきましょう。

・（　　　　）の 中《なか》に すむ とても 小《ちい》さな（　　　　）。

読《よ》んだ日《ひ》　月《がつ》　日《にち》

を　たべられるのです。でも、ユーカリの　はは、えいようが　すくないので、たくさん　たべても　げん気《き》が　出《で》ません。それで、一日《いちにち》の　うち　二《に》十《じゅう》じかんくらい　ねむって　すごすのです。

　コアラの　赤《あか》ちゃんは、おかあさんの　ふくろの　中《なか》で、おっぱいを　のんで　そだちます。そして　大《おお》きく　なると、おかあさんの　うんちを　すこし　たべます。この　ときに、おかあさんの　もうちょうに　すむ　小《ちい》さな　生《い》きものが、赤《あか》ちゃんの　おなかに　うつり、ユーカリの　はを　たべられるように　なるのです。

＊もうちょう……おなかの　中《なか》に　ある　ないぞうの　一《ひと》つ。

③ コアラは、一日《いちにち》の　うち、どのくらい　ねむりますか。

（　　　　　　　　）

④ コアラの　赤《あか》ちゃんが、ユーカリの　はを　たべられるように　なるのは、なにを　たべてからですか。一《ひと》つに　○を　つけましょう。

ア　おかあさんの　おっぱい。

イ　おかあさんの　おしっこ。

ウ　おかあさんの　うんち。

14 ヒゲクジラの たべもの

読《よ》んだ日《ひ》　月《がつ》　日《にち》

クジラは、大《おお》きく 二《ふた》つの なかまに わけられます。一《ひと》つは、はの ある ハクジラの なかま、もう 一《ひと》つは、はが なくて、口《くち》の 中《なか》に ひげのような ものが びっしり 生《は》えて いる ヒゲクジラの なかまです。

ヒゲクジラは、大《おお》きな 口《くち》と のどの ところに、ながい しわが あります。うみに すむ オキアミなどの 生《い》きものや、*むれを つくって およぐ 小《ちい》さな さかなを たべて います。

たべる ときは、大《おお》きな 口《くち》で かい水《すい》ごと えものを 口《くち》の 中《なか》に 入《い》れ、大《おお》きな したで かい水《すい》だけ おし出《だ》します。その とき、ひげの ような ものに よって えものだけが 口《くち》の

❶ ヒゲクジラは、なにを たべて いますか。（　）に あう ことばを かきましょう。

・（　　　　）などの 生《い》きもの。

・むれを つくって およぐ 小《ちい》さな（　　　　）。

❷ ヒゲクジラが えものを たべる ときの じゅんに なるように、（　）に ばんごうを かきましょう。

中《なか》に　のこるので、それを　たべるのです。
　ヒゲクジラの　なかまで　ある　ザトウクジラは、四《よん》とうから　十《じっ》とうで　えものを　とります。まず、えものの　下《した》から　あわを　まるく　はいて、あわの　あみを　つくります。そして、ニシンなどの　むれを　そこに　とじこめて、下《した》から　いっせいに　口《くち》を　あけて　つかまえます。

＊むれ……一《ひと》つの　ところに　あつまって　いる　なかま。

ア　（　）大《おお》きな　かい水《すい》を　おし出《だ》す。

イ　（　）かい水《すい》ごと　えものを　口《くち》に　入《い》れる。

ウ　（　）口《くち》に　のこった　えものを　たべる。

❸ ザトウクジラが　ニシンなどの　むれを　つかまえる　とき、まず　なにを　しますか。（　）に　あう　ことばを　かきましょう。

・下《した》から（　　）を　まるく　はいて、あわの（　　）を　つくる。

15 ナマケモノの たべものや 生《せい》かつ

ナマケモノと いう どうぶつは、いつも 木《き》に ぶら下《さ》がって ねて います。木《き》の はやめを たべて いますが、たべるのは とても すくない りょうです。おしっこや うんちは 木《き》から おりて じめんで しますが、たべる りょうが すくないので、なんと 一《いっ》しゅうかんに 一《いっ》かいしか しません。

ナマケモノは うごきが とても おそく、木《き》の 上《うえ》を *いどうする ときも、ゆっくり ゆっくり うごきます。このように、あまり 力《ちから》を つかわないので、すこし たべれば じゅうぶん なのです。

さらに ナマケモノは、とても たいおんが

読《よ》んだ日《ひ》　月《がつ》　日《にち》

❶ ナマケモノは、なにを たべて いますか。

（　　　　　）

❷ ナマケモノが、一《いっ》しゅうかんに 一《いっ》かいしか おしっこや うんちを しないのは、なぜですか。あう ほうに ○を つけましょう。

ア うごくのが めんどうだから。

イ たべる りょうが すくないから。

ひくく、まわりの　おんどに　よって　たいおんが　かわります。わたしたち　人《にん》げんや　ほかの　おおくの　どうぶつのように、いつも　おなじ　たいおんに　しなくて　よいので、さらに　よけいな　力《ちから》を　つかわなくて　すむのです。

名《な》まえの　とおり、のんびり　生《い》きて　いる　ナマケモノですが、およぐ　ことは　じょうずです。雨《あめ》の　おおい　ところに　すんで　いますが、*こう水《ずい》に　なっても　おぼれる　ことは　ありません。

*いどう……うつり　うごく　こと。
*こう水《ずい》……川《かわ》の　水《みず》が　ふえて、きしから　あふれ出《で》る　こと。

3 ナマケモノが　あまり　力《ちから》を　つかわないで　すむのは、なぜですか。二《ふた》つに　○を　つけましょう。

ア　うごきが　はやいから。
イ　うごきが　おそいから。
ウ　いつでも　たいおんが　かわらないから。
エ　まわりの　おんどに　よって、たいおんが　かわるから。

4 ナマケモノが　じょうずに　できる　ことは、なんですか。

（　　　　）

16 キリンの　ねむりかた

アフリカの　草《そう》げんに　すむ　キリンは、おとなに　なると、立《た》った　まま　ねむるように　なります。なぜなのでしょうか。

キリンが　すんで　いる　ところには、ライオンなどの　てきが　たくさん　います。そんなところで、ゆっくりは　ねむれないのです。もし、よこに　なって　ぐっすり　ねむって　しまうと、てきが　ちかづいて　きた　とき、すぐに　にげられないからです。だから、とくに　てきが　見《み》えにくい　よるは、ほとんど　ねむりません。

キリンの　赤《あか》ちゃんは、ながい　くびを　まげて、すわって　ねむります。おかあさんが　そばで　見《み》はって　いて　くれるので、ぐっすり　ねむれるのです。

❶ おとなの　キリンは、アフリカの　草《そう》げんでは　どのようにして　ねむりますか。あう　ほうに　○を　つけましょう。

ア　立《た》った　まま　ねむる。

イ　すわって　ねむる。

❷ おとなの　キリンが　ゆっくりは　ねむれないのは、なぜですか。（　）に　あう　ことばを　かきましょう。

・まわりに　ライオンなどの（　　　　）が　いるので、

読《よ》んだ日《ひ》　月《がつ》　日《にち》

むる　ことが　できるのです。

また、どうぶつえんに　すむ　おとなの　キリンは、赤《あか》ちゃんキリンと　おなじように、すわって　ねむる　ことが　あります。どうぶつえんでは　てきに　おそわれる　しんぱいが　ないので、あんしん　するのでしょう。

ぐっすり　ねて　しまうと、
すぐに（　　　　　）
から。

❸ どうぶつえんに　すむ　おとなの　キリンは、赤《あか》ちゃんキリンと　なにが　おなじようなのですか。あう　ほうに○を　つけましょう。

ア　ねむる　じかん。
イ　ねむる　しせい。

17 フラミンゴの ねむりかた

フラミンゴは、ながい くびと ながい 足《あし》を した とりです。ねむる ときは、一本《いっぽん》の ながい 足《あし》を おりたたみ、からだの はねの 中《なか》に しまうように して、のこりの 一本《いっぽん》の 足《あし》で 立《た》った まま ねむります。ながい くびも おりまげて、くちばしを はねの 中《なか》に 入《い》れます。

フラミンゴは、大《おお》きな あさい みずうみに すんで いて、水《みず》の 中《なか》に いる 小《ちい》さな 生《い》きものを たべて います。いつも 水《みず》の 中《なか》に いるので、足《あし》を 水《みず》に 入《い》れっぱなしに して いると 足《あし》が つめたく なり、たいおんが うばわれて しまいます。とくに よるは ひえるので、かたほうの 足《あし》は からだの 中《なか》に しま

❶ フラミンゴは、どのように して ねむりますか。二《ふた》つに ○を つけましょう。

ア 一本《いっぽん》の 足《あし》で 立《た》った まま ねむる。

イ 二本《にほん》の 足《あし》で 立《た》った まま ねむる。

ウ くびを まっすぐに して ねむる。

エ くびを おりまげて ねむる。

❷ フラミンゴは、どんな ところに すんで いますか。

読《よ》んだ日《ひ》 月《がつ》 日《にち》

い、たいおんが　下《さ》がるのを　ふせいで　いるのです。フラミンゴと　おなじように、日本《にほん》に　すむ　タンチョウヅルも、さむい　ふゆの　よるは　一本足《いっぽんあし》で　立《た》った　まま　ねむります。

❸ フラミンゴが　一本足《いっぽんあし》で　ねむるのは、なぜですか。（　）に　あう　ことばを　かきましょう。

・（　　　　）が　下《さ》がるのを　ふせぐ　ため。

❹ フラミンゴと　おなじように、一本足《いっぽんあし》で　ねむるのは、なんと　いう　とりですか。

（　　　　）

18 チンパンジーの ねむりかた

チンパンジーは、アフリカの 大《おお》きな 木《き》が たくさん しげって いる ジャングルに すんで います。二十《にじっ》とうから 百《ひゃく》とうもの むれを つくって くらして います。

そんな チンパンジーが ねむる ときは、じぶんの すきな 木《き》に のぼり、じょうぶな えだが 二《ふた》つに わかれて いるような ところに、まわりから 小《こ》えだや はを あつめて しきつめた ベッドを つくって ねむります。つぎの 日《ひ》は、また べつの ところに、木《き》の えだの ベッドを つくります。せっかく つくった ベッドですが、一《ひと》ばんしか つかいません。小《ちい》さな 子《こ》どもは、ははおやが つくった ベッドで

読《よ》んだ日《ひ》　月《がつ》　日《にち》

❶ チンパンジーは、どのように くらして いますか。あう ほうに ○を つけましょう。

ア 一《いっ》とうずつで くらす。

イ むれで くらす。

❷ チンパンジーは、どのように ねむりますか。二《ふた》つに ○を つけましょう。

ア じめんに 下《お》りて ねむる。

イ 木《き》に のぼって ねむる。

ウ まいばん おなじ ベッドで ねむる。

いっしょに　ねむります。チンパンジーに　とって、てきの　すくない　木《き》の　上《うえ》で　ねむる　ほうが　あんしんなのです。

エ　まいばん　ちがう　ベッドで　ねむる。

❸ 子《こ》どもの　チンパンジーは、だれと　ねむりますか。□に　あう　ことばを　かきましょう。

❹ チンパンジーが　木《き》の　上《うえ》で　ねむるのは、なぜですか。（　）に　あう　ことばを　かきましょう。

・（　　　）が　すくなくて（　　　）だから。

19 クマの　ねむりかた

日本《にほん》には、ツキノワグマと　ヒグマの　二《に》しゅるいの　クマが　います。どちらの　クマも、ふゆの　はじめの　ゆきが　つもり出《だ》す　ころに、じめんに　あなを　ほったり、大《おお》きな　木《き》の　あなに　入《はい》ったり　して、とうみんと　よばれるながい　ねむりに　つきます。ふゆの　あいだ中《じゅう》、なにも　たべないで、はるが　くるまで　三《さん》か月《げつ》も　ねむって　すごすのです。そして　めすは、とうみん中《ちゅう》に　子《こ》どもを　うんで　そだてます。

クマは　とうみん中《ちゅう》は　なにも　たべないので、とうみんに　入《はい》る　まえに　たくさん　たべます。木《き》のみや、川《かわ》を　上《のぼ》って　きた　サケなどを　できるだけ　たくさん　たべて、うんと　ふとって

読《よ》んだ日《ひ》　月《がつ》　日《にち》

❶ 日本《にほん》に　すむ　クマが　とうみんする　ばしょは、どこですか。二《ふた》つに　○を　つけましょう。

ア　川《かわ》の　中《なか》。
イ　じめんに　ほった　あな。
ウ　大《おお》きな　木《き》の　あな。
エ　大《おお》きな　木《き》の　上《うえ》。

❷ クマは、どのくらいの　あいだ　とうみんしますか。□に　あう　ことばを　かきましょう。

おくのです。
とうみんから　さめた　あと、はるから　あきまでは、クマは　よるに　おき出《だ》し、あちこちあるきまわって　たべものを　さがします。そして、あさが　くると、見《み》つかりにくい　木《き》の　しげみの　中《なか》などに　もぐって、よるが　くるまでねむるのです。

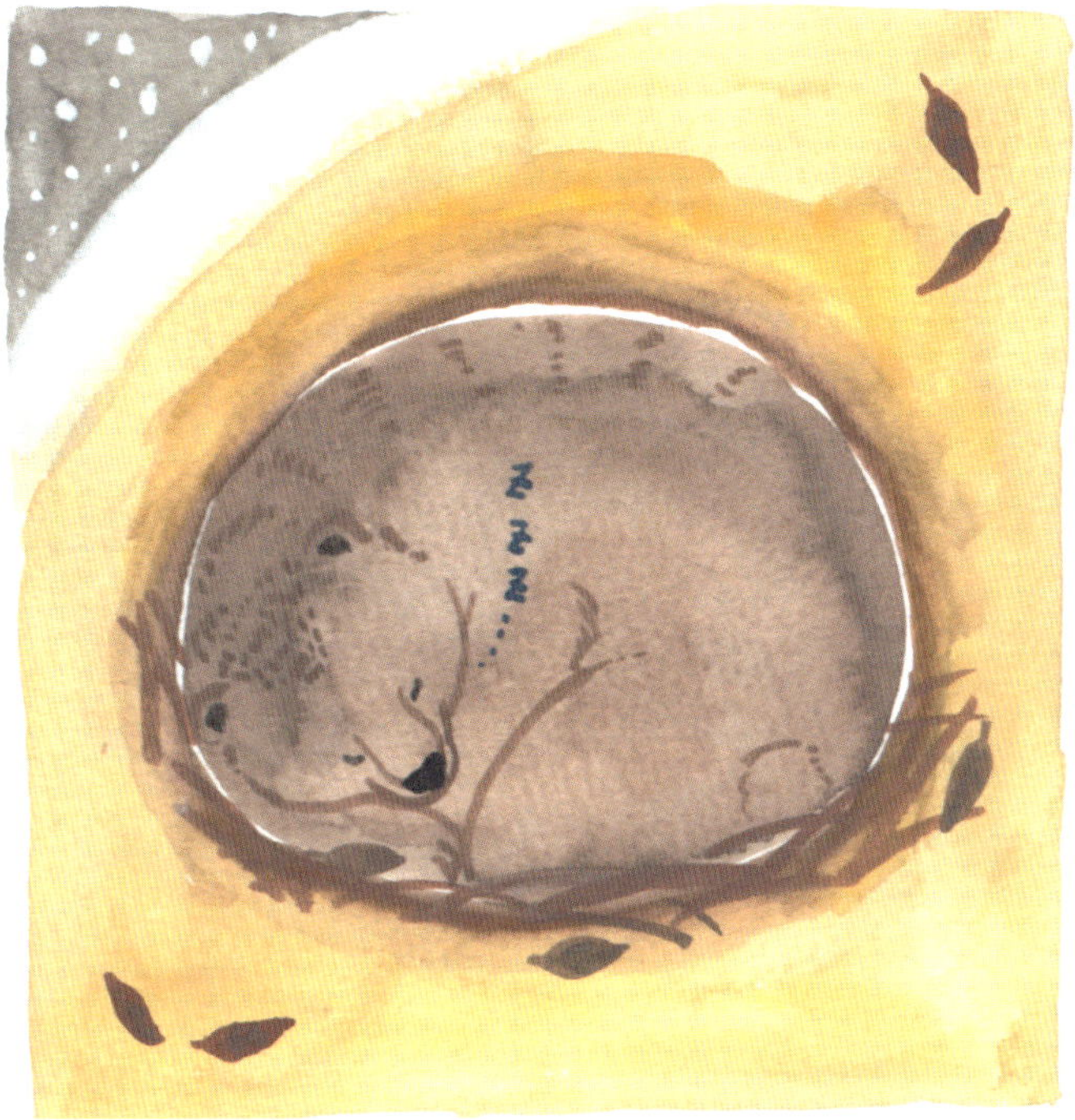

❸ めすの　クマは、とうみん中《ちゅう》に、どんな　ことを　しますか。（　）に　あう　ことばを　かきましょう。

・（　　　）を　うんで
（　　　）こと。

❹ とうみんまえの　クマは、どんな　ものを　たべますか。□に　あうように　二《ふた》つ　かきましょう。

□
□

20 コウテイペンギンの 子《こ》そだて

読《よ》んだ日《ひ》　月《がつ》　日《にち》

コウテイペンギンは、ペンギンの なかまの中《なか》では いちばん からだが 大《おお》きい ペンギンです。小学一年生《しょうがくいちねんせい》の せの たかさと おなじくらい あります。いつもは なんきょく*の うみで くらして いますが、あきの おわりごろに うみから ずっと とおい りくちに あつまって、たまごを うみます。めすが たまごを うむと、すぐに おすが その たまごを 足《あし》の上《うえ》に のせて、おなかで おおって あたためます。

たまごを うみおえた めすたちは、みんな うみの ほうに かえって いきます。そして おすたちは、たまごを 足《あし》の 上《うえ》に のせた ま

❶ コウテイペンギンは、どんな ペンギンですか。（　）に あう ことばを かきましょう。

・ペンギンの なかまの 中《なか》では、いちばん からだが（　　　　）ペンギン。

❷ コウテイペンギンは、どこで たまごを うみますか。あう ほうに ○を つけましょう。

ア なんきょくの うみ。

ま、なにも　たべずに　ものすごく　さむい　なんきょくの　ふゆの　あいだ、じっと　がまんして　すごします。そして、たまごが　かえって　ひなが　生《う》まれた　あとも、おすたちは　ひなを　足《あし》の　上《うえ》に　のせて　さむさから　まもります。

また、口《くち》から　出《だ》した　えいようの　ある　え*きたいを　ひなに　のませます。やがて　めすたちが　うみから　かえって　きて、子《こ》そだてを　こうたいします。なんどか　おすと　めすで　こうたいを　して　そだてる　うちに、ひなは　大《おお》きく　なります。

*なんきょく……ちきゅうの　みなみの　はしに　ある　ばしょ。
*えきたい……水《みず》や　あぶらのように、きまった　かたちを　もたない　もの。

イ　うみから　とおく　はなれた　りくち。

❸ うまれた　たまごを　あたためるのは、おすと　めすの　どちらですか。

（　　　）

❹ ひなが　生《う》まれると、どんな　ものを　のませますか。
（　）に　あう　ことばを　かきましょう。

・おすが　口《くち》から　出《だ》した（　　　）の　ある　えきたい。

21 ライオンの 子《こ》そだて

ライオンは、むれを つくって くらして います。むれは、おすが 一《いち》、二《に》とうと、めすが 四《よん》とうから 十《じっ》とうと、その 子《こ》どもたちです。

めすが 赤《あか》ちゃんを うむ ときは、むれから はなれて うみ、しばらくは じぶんだけで そだてます。生《う》まれた ばかりの 赤《あか》ちゃんは、とても 小《ちい》さく、子《こ》ねこぐらいの 大《おお》きさです。

小《ちい》さい 赤《あか》ちゃんは いろいろな てきに ねらわれますが、つよい おかあさんが まもって くれるので、あんしんです。

赤《あか》ちゃんが じぶんで あるけるように なると、おかあさんは むれに つれて いき、むれの なかまに 赤《あか》ちゃんを しょうかいします。

読《よ》んだ日《ひ》　月《がつ》　日《にち》

❶ ライオンの めすは、どのように して 赤《あか》ちゃんを うみますか。あう ほうに ○を つけましょう。

ア むれの 中《なか》で うむ。

イ むれから はなれて うむ。

❷ 生《う》まれたばかりの 赤《あか》ちゃんは、どのくらいの 大《おお》きさですか。（　）に あう ことばを かきましょう。

・（　　　　）ぐらいの 大《おお》きさ。

なかまは、赤《あか》ちゃんを　かんげいして　くれます。むれの　めすは　いつも　いっしょに　かりに　いきますが、めすの　うち　一《いち》、二《に》とうは　むれに　のこり、みんなの　赤《あか》ちゃんを　まもったり、おちちを　やったり　します。こうして　大《おお》きく　なった　子《こ》ライオンの　おすは、二《に》、三年《さんねん》で　むれから　おい出《だ》され、じぶんたちだけで　くらす　ことに　なります。

❸ なかまが　かりに　いった　あと、赤《あか》ちゃんの　せわは、だれが　どのように　しますか。（　）に　あう　ことばを　かきましょう。

・むれに　のこった　一《いち》、二《に》とうの（　　）が、（　　）の　赤《あか》ちゃんの　せわを　する。

❹ 子《こ》ライオンの　おすは、なん年《ねん》で　むれから　はなれますか。

（　　）

22 カンガルーの 赤《あか》ちゃん

カンガルーの めすには、おなかに 大《おお》きな ポケットのような ふくろが あります。この ふくろの 中《なか》に、おっぱいが 四《よっ》つ ついて います。生《う》まれたばかりの カンガルーの 赤《あか》ちゃんは とても 小《ちい》さく、一《いっ》センチメートルほどの 大《おお》きさです。そして、生《う》まれると すぐに、ふくろに 入《はい》る ため、おかあさんの おなかを はい上《あ》がって いきます。

おかあさんは、ふくろへの *みちすじを したで なめて つくります。目《め》の 見《み》えない 赤《あか》ちゃんは、おかあさんが なめて ぬれて いる ところを たどって ふくろに 入《はい》ると、おっぱいに すいつきます。

❶ カンガルーの 赤《あか》ちゃんは、生《う》まれた とき、どのくらいの 大《おお》きさですか。

（　　　　　　　　）

❷ カンガルーの 赤《あか》ちゃんは、どう やって おかあさんの おなかの ふくろに 入《はい》りますか。あう ほうに ○を つけましょう。

ア おかあさんに くわえられて。

イ おかあさんの なめた ところを たどって。

読《よ》んだ日《ひ》　月《がつ》　日《にち》

そして、ふくろの　中《なか》で　おっぱいを　のみながら　大《おお》きく　なります。ふくろに　入《はい》って　八《はち》か月《げつ》　たつと、赤《あか》ちゃんは　ふくろから　ときどき　出《で》て　くるように　なります。ねる　ときや、てきが　きたり　して　きけんな　ときは、ふくろに　入《はい》ります。ふくろの　そとに　出《で》て　くらすように　なっても、はん年《とし》から　一年《いちねん》ぐらいは　ときどき　おかあさんの　ふくろに　かおを　入《い》れて、おちちを　のみます。

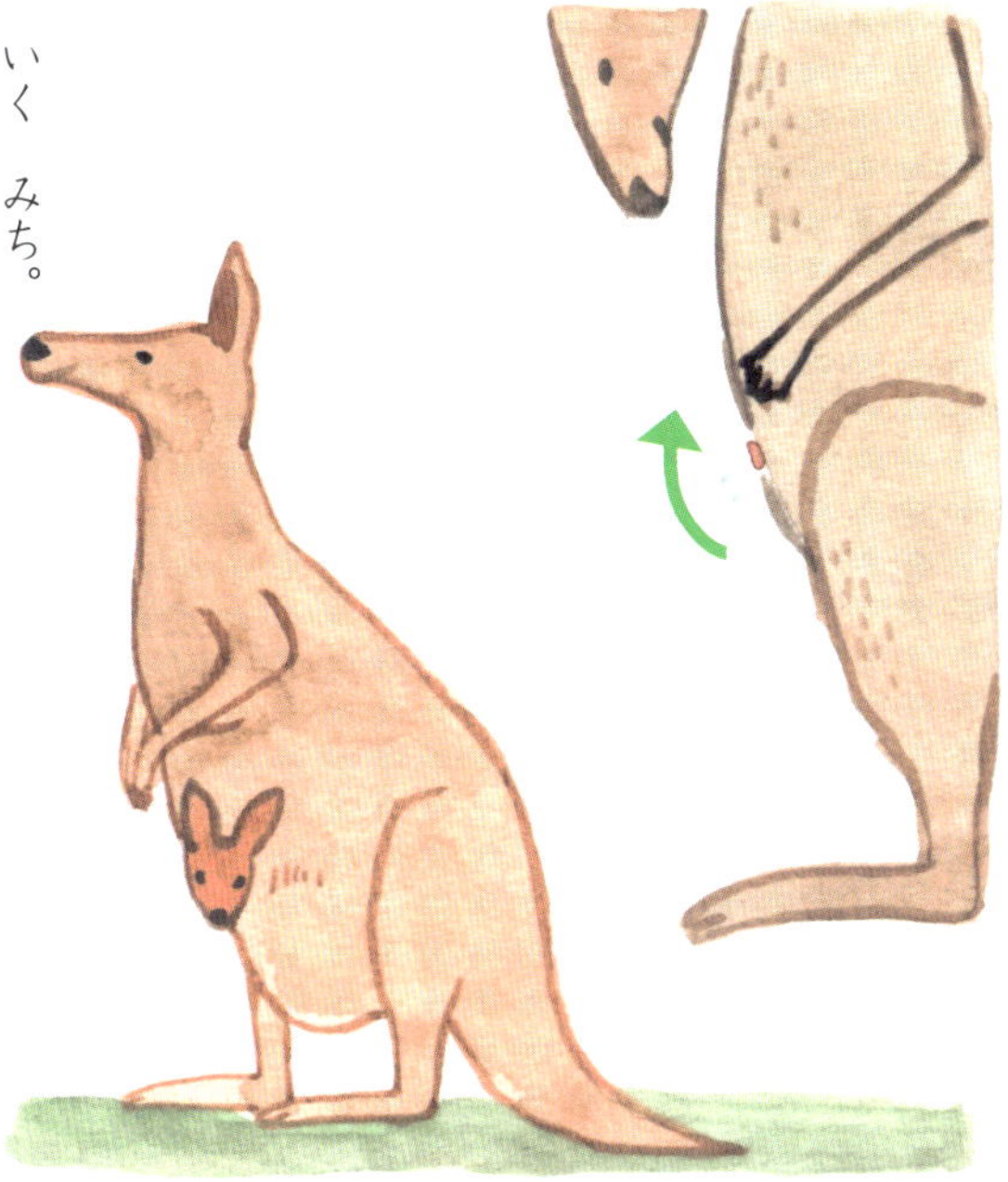

＊みちすじ……とおって　いく　みち。

③ カンガルーの　赤《あか》ちゃんが、はじめて　ふくろから　出《で》て　くるように　なるのは、ふくろに　入《はい》って　なんか月《げつ》　たってからですか。

（　　　）

④ カンガルーの　赤《あか》ちゃんは、どんな　ときに　ふくろに　入《はい》りますか。（　）に　あう　ことばを　かきましょう。

・（　　　）ときや、てきが　きたり　して（　　　）な　とき。

23 ガゼルの 赤《あか》ちゃん

ガゼルは、アフリカの 草《そう》げんに むれを つくって すむ、小《こ》がたの *草《そう》しょくどうぶつです。ガゼルの おかあさんが 赤《あか》ちゃんを うむ ときは、むれを はなれて、ちょっと せの 高《たか》い 草《くさ》むらの 中《なか》で うみます。

生《う》まれたばかりの ガゼルの 赤《あか》ちゃんは、うまく はしる ことが できません。その ため、むれから はなれた 草《くさ》むらに うずくまって じっと して います。赤《あか》ちゃんは ほとんど においが しないので、ハイエナや ジャッカルなどの *にくしょくどうぶつに かんたんに 見《み》つからないのです。おかあさんも おちちを あげる ときにしか 赤《あか》ちゃんの そばに いきま

❶ ガゼルは、どんな どうぶつですか。二《ふた》つに ○を つけましょう。

ア 一《いっ》とうずつで 生《い》きる どうぶつ。
イ むれで 生《い》きる どうぶつ。
ウ 小《こ》がたの 草《そう》しょくどうぶつ。
エ 大《おお》がたの にくしょくどうぶつ。

❷ 生《う》まれたばかりの ガゼルの 赤《あか》ちゃんは、どこで すごしますか。（　）に あう ことばを かきましょう。

読《よ》んだ日《ひ》　月《がつ》　日《にち》

せん。赤《あか》ちゃんは、こうして　二《に》しゅうかんほど
じっと　して　います。そして　はしれるように
なった　とき、おかあさんの　あとに　ついて
いき、むれに　入《はい》ります。もう　てきに　おいか
けられても、うまく　にげる　ことが　できるか
らです。

＊草《そう》しょくどうぶつ……しょくぶつを　たべる　どうぶつ。
＊にくしょくどうぶつ……ほかの　どうぶつを　たべる　どうぶつ。

・（　　）から　はなれた
（　　）の　中《なか》で。

❸ おかあさんが　赤《あか》ちゃんの
そばに　いくのは、どんな
ときですか。

〔　　〕

❹ 赤《あか》ちゃんが　むれに　入《はい》る
のは、どう　なった　ときで
すか。

〔　　〕

24 ヤマアラシの みの まもりかた

ヤマアラシは、からだ中《じゅう》に ながい とげが いっぱい 生《は》えて います。小《ちい》さい 子《こ》どもから おとなまで、この とげで みを まもって いるのです。さすがに てきも、この とげだらけの ヤマアラシには 手《て》が 出《だ》せません。

とくに からだの うしろの ほうの とげは、とても かたい つくりに なって います。だから、てきに ささると、かんたんには ぬけないのです。ヤマアラシは おこると、てきに むかって うしろむきに なり、すごい はやさで *あとずさりしながら ぶつかって いきます。この とき、てきの かおや 手《て》に かたい とげが つきささるのです。てきに とげが ささる

❶ ヤマアラシは、どんな どうぶつですか。一《ひと》つに ○を つけましょう。

ア 大《おお》きい どうぶつ。

イ けが おおい どうぶつ。

ウ ながい とげが いっぱい 生《は》えた どうぶつ。

❷ ヤマアラシが おこると、どんな ことを しますか。（　）に あう ことばを こたえましょう。

・（　　　　）に むかって

読《よ》んだ日《ひ》　月《がつ》　日《にち》

と、かんたんには　ぬけない　ため、そこから
ばいきんが　入《はい》り、びょう気《き》に　なって　しまい
ます。だから、ライオンでも　ヤマアラシが　こ
わくて、あまり　おそう　ことは　しません。

＊あとずさり……まえを　むいた　まま、うしろへ　下《さ》がる　こと。

（　　　　）に
なり、すごい　はやさで
（　　　　）し
ながら　ぶつかって　いく
こと。

❸ ヤマアラシの　とげが　さ
さると、どう　なって　しま
いますか。（　）に　あう
ことばを　かきましょう。

・（　　　　）が
入《はい》り、（　　　　）
に　なって　しまう。

25 アルマジロの　みの　まもりかた

アルマジロと　いう　どうぶつは、おなかと
のどの　ほかは　すべて、ひふが　へんかした、
ほねのように　かたい　うろこで　おおわれて
います。からだの　うろこには、おれまがる　こ
との　できる　*おびのような　すじが　あります。
この　すじの　かずに　よって、いくつか　しゅ
るいが　わかれます。すじが　三《みっ》つ　ある　ミツ
オビアルマジロ、六《むっ》つ　ある　ムツオビアルマジ
ロなどが　います。

ミツオビアルマジロの　すじは、てきから　み
を　まもる　ときに　やくに　立《た》ちます。ミツオ
ビアルマジロは　てきに　おそわれると、おなか
を　うちがわに　して、まるく　なる　ことが

読《よ》んだ日《ひ》　月《がつ》　日《にち》

❶ アルマジロは、どんな　どうぶつですか。（　）に　あう　ことばを　かきましょう。

・かたい（　　　　）でおおわれた　どうぶつ。

❷ アルマジロの　しゅるいは、なにで　わけられますか。あう　ほうに　○を　つけましょう。

ア　うろこに　ある　おびのような　もようで。

イ　うろこに　ある　おびのような　すじの　かずで。

できます。こう　すると、かたい　うろこで　からだの　そとがわが　おおわれて　しまうので、てきは　手《て》が　出《だ》せないのです。
　みなさんも　しって　いる　ダンゴムシと　いう　虫《むし》も、てきに　おそわれると、アルマジロと　おなじように　まるく　なって、みを　まもります。

＊おび……きものや　ゆかたを　きる　ときに　こしに　まく、ほそながい　ぬの。

❸ ミツオビアルマジロは、てきに　おそわれると、どんな　ことを　しますか。（　）に　あう　ことばを　かきましょう。

・おなかを（　　）
に　して、（　　）
なる　こと。

❹ ミツオビアルマジロと　おなじ　みの　まもりかたを　するのは、なんと　いう　虫《むし》ですか。

（　　）

26 ラーテルの みの まもりかた

ライオンが すんで いる アフリカには、ラーテルと いう、小《こ》がたの 犬《いぬ》ぐらいの 大《おお》きさの どうぶつが います。ライオンに つかまったら すぐに たべられて しまいそうですが、ライオンは あまり この ラーテルを おそいません。また、ハイエナも チーターなどの にくしょくどうぶつも、おそいません。

それは、ラーテルの ひふは、かたい ゴムの ようで、かみついても は*が 立《た》たないからなのです。さらに、ラーテルは くさい においを 出《だ》します。それに、するどい はと つめを もって います。小《ちい》さいけれど 気《き》の つよい ラーテルは、これらの ぶきを つかって、どん

❶ ラーテルは、どこに すんで いる、どのぐらいの 大《おお》きさの どうぶつですか。

㋐どこに

（　　　　）

㋑どのぐらいの 大《おお》きさ

［　　　　］

❷ ラーテルを おそわない にくしょくどうぶつには、どんな ものが いますか。三《みっ》つに ○を つけましょう。

読《よ》んだ日《ひ》　月《がつ》　日《にち》

なに　つよい　どうぶつにも　まけずに　*立《た》ちむかうのです。
だから、ライオンたちは　ラーテルが　やってくると、さっさと　にげ出《だ》して　しまいます。こうして　ラーテルは、おそろしい　てきが　たくさん　いる　アフリカの　草《そう》げんでも、へい気《き》で　生《い》きて　いけるのです。

*はが　立《た》たない……かたくて　かめない。
*立《た》ちむかう……おそれずに　正《しょう》めんから　ぶつかって　いく。

ア　ライオン　イ　コアラ
ウ　ハイエナ　エ　チーター
オ　キリン

③ ラーテルが　にくしょくどうぶつたちに　おそれられないのは、なぜですか。（　）に　あう　ことばを　かきましょう。

・（　　）が　かたくて、はが　立《た》たないから。
・（　　）に　おいを　出《だ》すから。
・するどい　（　　）と　つめを　もって　いるから。

27 サルの おしゃべり

　ニホンザルは、日本《にほん》の あちこちの 山《やま》や 林《はやし》で くらして います。一《いっ》ぴきの リーダーを中《ちゅう》しんに、大《おお》ぜいの むれで 生《せい》かつして います。おもに、木《き》のみや 木《き》のめなどを たべています。むれは、たべものを さがして あちこち いどうします。いどうする ときには、リーダーが こえで *あいずして、みんなを つれていきます。むれが ばらばらに なった ときには、大《おお》きな こえを 出《だ》して あつめます。

　また、こえの ほかに からだの うごかしかたや かおつきなどでも、なかまに いろいろなあいずを 出《だ》して います。

　たとえば、リーダーは しっぽを ぴんと 立《た》

❶ ニホンザルは、どのように くらして いますか。あう ほうに ○を つけましょう。
ア おす 一《いっ》ぴきと めす 三《さん》、四《よん》ひきの むれで。
イ リーダーを 中《ちゅう》しんに した 大《おお》ぜいの むれで。

❷ ニホンザルの リーダーは、どんな ときに こえを 出《だ》しますか。（　）に あう ことばを かきましょう。
・むれが （　　　　） する ときや、ばらばらに

読《よ》んだ日《ひ》　月《がつ》　日《にち》

てて　います。これは、「おれが、この　むれの
リーダーだからね。」と　みんなに　しらせて
いる　わけです。また、なまいきな　おすが　い
ると　口《くち》を　あけて、大《おお》きな　きばを　見《み》せつけ
ます。「おれの　いう　ことを　きかないと、この
きばで　おまえを　やっつけるからな。」と　しら
せて　いる
のです。

＊あいず……まえもって　きまった　やりかたで　しらせあう　こと。

なった　むれを
（　　　　）とき。

❸ ニホンザルは、じぶんが
リーダーだと　しらせる　と
き、どう　しますか。

〔　　　　〕

❹ ニホンザルの　リーダーは、
なまいきな　おすが　いる
と、口《くち》を　あけて、どう　し
ますか。

〔　　　　〕

28 カラスの　おしゃべり

カラスは、とりの　中《なか》でも、とても　あたまが　よい　とりだと　いわれて　います。カラスは、「カァー、カァー」と　よく　なきます。カラス　の　なきかたを　しらべると、なんと　四十《よんじっ》しゅ　るいもの　ちがった　なきかたが　あるのが、わ　かって　います。カラスは、かぞくや　なかまと　むれを　つくって　くらして　います。そして、かぞくどうしや　むれどうしで、よく　はなしを　して　いるのです。

よく　耳《みみ》に　するのは、「てきが　きたから、気《き》を　つけろ。」と　いう　ときや、「こっちに　くるんじゃない！」と　おこって　いる　とき、「あぶないから　早《はや》く　にげろ。」と　いう　とき

読《よ》んだ日《ひ》　月《がつ》　日《にち》

❶ カラスは、とりの　中《なか》でも、どんな　とりだと　いわれて　いますか。

［　　　　］

❷ カラスの　なきかたには、なんしゅるい　ありますか。

（　　　　）

❸ よく　耳《みみ》に　する　カラスの　なきごえは、どんな　ときに　つかう　ものですか。

に　つかう　なきごえです。なかまの　この　なきごえを　きくと、カラスには　いみが　すぐにわかり、ことばに　あわせた　うごきを　します。
　このように、カラスは　なきごえで　おたがいの　気《き》もちを　つたえあったり、たすけあったりして　いるのです。

三《みっ》つに　○を　つけましょう。

ア　てきが　きた　とき。
イ　なかまを　よぶ　とき。
ウ　よろこんで　いる　とき。
エ　おこって　いる　とき。
オ　きけんを　しらせる　とき。
カ　たべものの　ありかを　しらせる　とき。

4　カラスは、なかまの　なきごえを　きくと、どう　しますか。（　）に　あう　ことばを　かきましょう。

・すぐに　いみが　わかり、（　　　　）に　あわせた　うごきを　する。

29 イルカの　おしゃべり

イルカは、うみで　いつも　なかまと　いっしょに　くらして　います。イルカショーを　見《み》た　ことが　ある　人《ひと》も　いると　おもいますが、イルカは　いろいろな　げいを　すぐ　おぼえて　しまう、とても　あたまの　よい　どうぶつです。水《すい》ぞくかんの　人《ひと》の　ちょっと　した　しぐさで、つぎに　なにを　したら　よいのか　わかるので　す。そして、いろいろな　けんきゅうから、イルカどうしで　たくさんの　ことばを　はなして　いる　ことが　わかって　きました。

イルカは、人《にん》げんにも　きこえる　こえの　ほかに、人《にん》げんには　きこえない　とくべつな　こえを　出《だ》す　ことが　できます。うみの　中《なか》では

❶ イルカは、どんな　どうぶつですか。二《ふた》つに　○を　つけましょう。

ア　一《いっ》とうずつで　くらす　どうぶつ。

イ　なかまと　いっしょに　くらす　どうぶつ。

ウ　人見《ひとみ》しりする　どうぶつ。

エ　あたまの　よい　どうぶつ。

❷ イルカは、うみの　中《なか》では、おもに、どんな　こえで　はなして　いますか。（　）に　あう　ことばを　かきましょう。

読《よ》んだ日《ひ》　月《がつ》　日《にち》

おもに、この とくべつな こえを つかって はなして います。たとえば、えもので ある 小《こ》ざかなを ＊きょう力《りょく》して おいつめる ときは、この こえで あいずしあって います。また、イルカは、それぞれが ちがう こえを もって いて、おたがいの こえで、だれで あるかを ききわけて いる ことも わかって きました。

＊きょう力《りょく》……力《ちから》や こころを あわせる こと。

・（　　）には きこえない（　　）な こえ。

❸ イルカは、どんな ときに ❷の こえで あいずしあって いますか。（　）に あう ことばを かきましょう。

・えもので ある（　　）を きょう力《りょく》して（　　）とき。

答えとアドバイス

おうちの方へ
◎解き終わったら、できるだけ早めに答え合わせをしてあげましょう。
◎まちがった問題は、もう一度やり直させてください。

1 ウサギの 耳　2～3ページ

❶ イ
❷ かぜ・たいおん
❸ ウ

【アドバイス】
❷ ウサギの耳には、音を聞く以外に、体温を下げるという、とても大切な働きがあることを理解させましょう。

2 ゾウの 耳　4～5ページ

❶ イ・ウ
❷ ぱたぱた
❸ からだ・大きく・おそろしく

【アドバイス】
❶・❷ ゾウの耳に血管がたくさんあり、体温を下げる働きをするのは、1のウサギの耳と共通しています。

3 カバの 耳　6～7ページ

❶ ウ
❷ 川の 中。（水中）
❸ 草
❹ 水・せまく

【アドバイス】
❹ 水中に潜っているときに耳の穴が狭くなるのは、日中は水中で過ごすカバならではの耳の構造といえます。

4 オオカミの 目　8～9ページ

❶ イ・エ
❷ きいろ・青・はいいろ（順不同）
❸ くらやみ・はな・におい

【アドバイス】
❷・❸ オオカミに見える色は、人間に見える色よりもずっと少ないこと、その代わりに人間よりもずっと嗅覚《きゅうかく》が優れていることをおさえさせます。

5 ウマの 目　10～11ページ

❶ ア・エ
❷ まうしろ
❸ くらやみ・いろ・見る

【アドバイス】
❸ ウマに見える色は少ないが、暗闇ではは人間よりもはっきり見えることは、オオカミの目と共通しています。

6 カメレオンの　目　12〜13ページ

❶ はちゅうるい
❷ イ
❸ りょうほう〔左右〕・まえ

【アドバイス】
❷・❸ カメレオンの目が、他の動物と比べて変わっているという、大きな特徴をおさえさせましょう。

7 シマウマの　からだの　もよう　14〜15ページ

❶ 白・くろ〔順不同〕
❷ なかま・つかまりにくく・ハエ
❸ 三

【アドバイス】
❷・❸ シマウマの体がなぜしま模様なのかについて三つの説が紹介されていること、三つ目の血を吸うハエを避けるためにあるという説が有力であることを読み取らせましょう。

8 ホッキョクグマの　からだの　いろ　16〜17ページ

❶ アザラシ
❷ イ
❸ まっくろ〔くろ〕
❹ とうめい・ストロー

【アドバイス】
❸・❹ ホッキョクグマの皮膚は黒であることと、毛は白ではなく透明であることをおさえさせましょう。

9 シカの　からだの　いろと　もよう　18〜19ページ

❶ ア・ウ
❷ 林・ひかり
❸ 白（くて　まる）い　てん

【アドバイス】
❷・❸ シカの夏毛の白い点の模様は、林の中に差す太陽の光に似せたものであることを理解させましょう。

10 ヘビの　からだの　いろ　20〜21ページ

❶ イ
❷ 赤と　くろと　きいろの　しまもよう。
❸ どく
❹ おそわなく

【アドバイス】
❸・❹ 派手な色は毒を持つ印であることと、それを利用して姿を似せるものもいることをおさえさせましょう。

11 パンダの　たべもの　22〜23ページ

❶ はや　くき
❷ 竹の子
❸ イ
❹ ゆび・二

【アドバイス】
❸・❹ パンダがたくさん竹を食べるためにしている工夫と、そのための手のつくりを理解させましょう。

12 アリクイのたべもの 24〜25ページ

❶ 草げん
❷ した・くっつける
❸ イ
❹ つめの　先

【アドバイス】
❸ オオアリクイは、イの理由で、一つのあり塚のアリを一度に食べ尽くせないのです。

13 コアラの　たべもの 26〜27ページ

❶ オーストラリア
❷ もうちょう・生きもの
❸ 二十じかん
❹ ウ

【アドバイス】
❷ コアラの盲腸は他の動物のものよりずっと長く、そこにすむ微生物がユーカリの葉の消化を助けています。

14 ヒゲクジラのたべもの 28〜29ページ

❶ オキアミ・さかな
❷ ア…2　イ…1　ウ…3
❸ あわ・あみ

【アドバイス】
❷ ヒゲクジラは、ひげのようなもので海水を濾《こ》して、獲物だけを食べていることを理解させましょう。

15 ナマケモノのたべものや　生かつ 30〜31ページ

❶ 木の　はや　め。
❷ イ
❸ イ・エ
❹ およぐ　こと。

【アドバイス】
❸ ナマケモノがほとんど動かず、ごく少量の食べ物で生きていること、周囲の温度によって体温が変わる珍しい哺乳類であることをおさえさせます。

16 キリンのねむりかた 32〜33ページ

❶ ア
❷ てき・にげられない
❸ イ

【アドバイス】
❸ 敵に襲われる心配のない動物園の大人のキリンは、赤ちゃんキリンと同じように、座って眠ることがあることを確かめておきましょう。

17 フラミンゴのねむりかた 34〜35ページ

❶ ア・エ
❷ 大きな　あさい　みずうみ。
❸ たいおん
❹ タンチョウヅル

【アドバイス】
❹ タンチョウヅルも、フラミンゴと同様に、体温の低下を防ぐために片足で眠るということをおさえさせましょう。

18 チンパンジーの ねむりかた 36～37ページ

❶ イ
❷ イ・エ
❸ ははおや
❹ てき・あんしん

【アドバイス】
❷ 眠るたびに、木の上の寝心地のよい場所を探して、ベッドを作ることを理解させましょう。

19 クマの　ねむりかた 38～39ページ

❶ イ・ウ
❷ 三か月
❸ 子ども・そだてる
❹ 木のみ・サケ

【アドバイス】
❹ 冬眠中のクマは、何も食べないので、冬眠前にたくさん食べることを確かめておきましょう。

20 コウテイペンギンの 子そだて 40～41ページ

❶ 大きい
❷ イ
❸ おす
❹ えいよう

【アドバイス】
❸ おすのコウテイペンギンは、卵がふ化してからも何も食べずに、ひなを守り続けることをおさえさせましょう。

21 ライオンの 子そだて 42～43ページ

❶ イ
❷ 子ねこ
❸ めす・みんな
❹ 二、三年（で）。

【アドバイス】
❸ 群れのめすたちは、協力し合って子育てをすることを理解させましょう。

22 カンガルーの 赤ちゃん 44～45ページ

❶ 一センチメートル（ほど）
❷ イ
❸ 八か月
❹ ねる・きけん

【アドバイス】
❹ 赤ちゃんは、袋から出て暮らすようになった後も、半年から一年ぐらいは、乳を飲むために袋に顔を入れるということもおさえさせましょう。

23 ガゼルの　赤ちゃん 46～47ページ

❶ イ・ウ
❷ むれ・草むら
❸ おちちを　あげる　とき。
❹ はしれるように　なった　とき。

【アドバイス】
❷・❸ 歩けるようになるまでは、一頭だけで過ごすことをおさえさせます。

24 ヤマアラシの みの まもりかた

48～49ページ

❶ ウ
❷ てき・うしろむき・あとずさり
❸ ばいきん・びょう気

【アドバイス】
❷ 後ろ向きで敵に向かっていくのは、体の後ろのほうのとげが硬いからであることを確かめておきましょう。

25 アルマジロの みの まもりかた

50～51ページ

❶ うろこ
❷ イ
❸ うちがわ・まるく
❹ ダンゴムシ

【アドバイス】
❷ 帯状の筋の数によって、ミツオビアルマジロ、ムツオビアルマジロなどに分けられること、ミツオビアルマジロの筋は敵から身を守るのに役立つことをおさえさせましょう。

26 ラーテルの みの まもりかた

52～53ページ

❶ ㋐アフリカ
㋑小がたの 犬ぐらい(の 大きさ)。
❷ ア・ウ・エ
❸ ひふ・くさい・は

【アドバイス】
❸ あまりなじみのない動物ですが、皮膚が丈夫なだけでなく、においや鋭い歯と爪で攻撃する、手ごわい動物であることを理解させましょう。

27 サルの おしゃべり

54～55ページ

❶ イ
❷ いどう・あつめる
❸ 〈れい〉しっぽを ぴんと 立てる。
❹ 〈れい〉大きな きばを 見せつける。

【アドバイス】
❸・❹ ニホンザルのリーダーは、声だけでなく、いろいろなしぐさで仲間に合図を出していることに注目させます。

28 カラスの おしゃべり

56～57ページ

❶ とても あたまが よい とり。
❷ 四十しゅるい
❸ ア・エ・オ
❹ ことば

【アドバイス】
❸ 文章中に挙げられた例を、しっかり読み取らせましょう。
❹ カラスが鳴き声で仲間に合図するのは、サルやイルカなど他の動物と共通しているといえます。

29 イルカの おしゃべり

58～59ページ

❶ イ・エ
❷ 人げん・とくべつ
❸ 小ざかな・おいつめる

【アドバイス】
❷・❸ イルカは、互いの声の違いで、それぞれの個体を認識しているということもおさえさせましょう。